LE
TIMBRE DES JOURNAUX

PAR

TONY RÉVILLON

PRIX : 50 CENTIMES

PARIS

E. LACHAUD, LIBRAIRE-ÉDITEUR

4, PLACE DU THÉATRE-FRANÇAIS

1870

LE
TIMBRE DES JOURNAUX.

Au moment où la question du timbre des journaux va être discutée, je voudrais jeter une poignée de vérités dans le courant de l'opinion publique, — comme MM. les administrateurs du chemin de fer du Victor-Emmanuel voulaient jeter quelques poignées d'iode dans les ruisseaux de la Savoie, afin d'empêcher les gens qui en boivent l'eau de devenir goîtreux.

Ces vérités se résument en deux axiomes :

1° L'instruction primaire gratuite et le journal politique à un sou sont deux conséquences fatales de l'établissement du suffrage universel ;

2° Tant qu'il faudra être riche pour créer un journal, c'est-à-dire tant que le cautionnement, l'amende, le timbre et les droits de poste existeront, il y aura des journalistes honnêtes, il ne pourra pas y avoir un journal honnête.

I

Je prends les choses dans leur ensemble, laissant à dessein de côté les petites divisions qui les obscurcissent.

Depuis 1789, il n'y a en réalité que deux partis. L'un, celui que Marat appelait le parti des parlementaires, et qui, si on le priait de s'expliquer, donnerait ainsi ses raisons :

— Nous reconnaissons que la société française depuis quatorze siècles était basée sur le pouvoir paternel et sur le pouvoir royal. Ces pouvoirs, étant absolus, sont devenus abusifs; nous entendons les limiter à la justice, sans cependant les détruire, car il faut tenir compte de la tradition.

Rien n'était plus inique qu'un père disposant de toute sa fortune en faveur d'un fils au détriment de ses autres enfants, qu'un roi disposant de la fortune de ses sujets au gré de son ambition ou de sa fantaisie ; donc, l'héritage sera également partagé, et le roi, avant de prendre une résolution, sera obligé de consulter les mandataires de la nation.

Le privilége nous semble inique. Un père intelligent a un fils idiot; pourquoi ce fils, parce qu'il hérite du titre de duc ou de comte de son père, serait-il seul apte par sa naissance à occuper les charges de l'État et à commander les armées?

— Non, non, plus de priviléges. Le pouvoir, ses charges, sa responsabilité et son honneur, appartiendront au seul mérite personnel.

Mais quel sera l'étalon du mérite personnel? A quoi pourra-t-on le reconnaître, afin de lui donner la place qu'il a le droit d'occuper dans l'État ?

Cet étalon ne saurait être autre que l'argent.

Les citoyens riches sont indépendants, n'ayant pour vivre besoin de personne. S'ils ont acquis eux-mêmes leur fortune, ils ont fait preuve d'intelligence ; s'ils l'ont héritée, ils ont reçu en même temps qu'elle l'instruction qui développe les facultés et qui leur permet de s'appliquer à l'objet indiqué par la nature. L'homme riche est conservateur par essence, sachant que tout changement dans l'État en bouleverse les fortunes ; il est libéral en même temps, ayant le sentiment de sa dignité. Il ne voudra pas plus de la tyrannie d'en haut que de celle d'en bas.

Donc, puisque l'argent est la garantie de ce double besoin des sociétés, — l'ordre et la liberté, — plaçons-le à l'entrée de toutes les manifestations et de toutes les carrières :

Pour être électeur, il faudra payer un cens ; pour publier un journal, il faudra verser un cautionnement ; pour occuper une fonction dans l'État, il faudra faire des études coûteuses, subir un concours, passer par une école, ou acheter une charge à beaux deniers.

Que si quelques esprits chagrins protestaient au nom de l'égalité, nous répondrions par l'accessibilité.

L'aristocratie anglaise admet parmi ses membres, en les anoblissant, les plébéiens qui par leur talent ou leur richesse s'élèvent au-dessus de la masse ; nous serons plus larges qu'elle ; nous nous passerons de l'anoblissement, et nous dirons tout simplement à ceux de la foule : — Voulez-vous être des nôtres ? *Enrichissez-vous !*

Nous sommes le grand parti, le parti qu'unit le seul lien vraiment logique, — l'intérêt. Rois qui nous résignons à n'être que « des cochons à l'engrais, » nobles qui avons gardé nos terres ou qui les avons rachetées avec des dots bourgeoises, bourgeois qui avons fait notre fortune ou qui occupons des positions dans l'Église, les finances, la magistrature, l'armée, les travaux publics, la basoche ou le barreau, — nous nous tenons tous et nous n'entendons pas que, ni d'en haut ni d'en bas, on touche à nous, car nous sommes le mérite, et le mérite est la pierre de touche du pouvoir dans la société renouvelée!...

II

À cela l'autre parti, — composé de quelques philosophes, de beaucoup de bacheliers à qui l'instruction a créé des besoins que la pauvreté les empêche de satisfaire, et de la masse qui ne comprend pas toujours mais qui souffre et qui sent, — l'autre parti répond :

— Je fais fi des traditions ; mon idéal les domine toutes : c'est la justice.

Deux enfants, par cela seul qu'ils sont nés sans avoir demandé à naître, ont des droits pareils. A moins que vous ne reconnaissiez, — comme les Chinois, — le privilége au père de noyer les fils ou les filles qui le gênent, vous devez à tout citoyen au berceau la nourriture, l'abri, le vêtement, une éducation appropriée à ses facultés. Nous n'entendons pas dire que tous les hommes naissent égaux eu force et en intelligence ; nous entendons seulement que tous ont un droit égal de développer la force et l'intelligence qu'ils apportent en naissant. La société doit donc à l'enseignement primaire ajouter l'enseignement secondaire ou professionnel, selon l'aptitude de ses membres. Si le père est assez aisé pour subvenir à tous ces besoins de l'enfant, qu'il y subvienne en obéissant à la loi ; s'il est trop pauvre, que la commune lui vienne en aide, à défaut de la commune le canton, à défaut du canton le pays.

Mais qu'on ne l'oublie pas, le premier des droits est celui de l'enfant.

Toutes les professions se valent ; mettre l'une au-dessus de l'autre serait une iniquité plus grande que celle que vous signaliez tout à l'heure, car il n'appartient à personne d'avoir plus ou moins de phosphore dans la tête en venant au monde, et, du moment où l'activité de chacun bien dirigée met à profit sa part de capacité, on ne saurait rien lui demander de plus.

Vous avez dit : — « Plus de privilége ! » Eh bien ! c'est cela. Nous sommes une grande nation de citoyens, exerçant chacun pour vivre l'état le plus approprié à nos facultés ; notre travail accompli, nous prenons, sur les heures de repos, le nombre d'heures qu'il faut pour nous occuper des intérêts de la communauté ; nous discutons un à un tous ces intérêts, et nous nommons à la majorité des voix des mandataires, pour faire exécuter ce qui nous semble le meilleur, après discussion.

Le pouvoir est à tous !...

III.

Tels sont, dans leurs traits principaux, les deux partis en pré-
sence.

A deux reprises, un fait accidentel, brutal, sans réplique, comme
la force qui ne discute pas, — l'Empire, — a arrêté ces partis dans
leur développement.

Le reste du temps, ils ont été aux prises, l'emportant tour à tour,
mais gardant toujours leurs distances et leur caractère. Le premier a
triomphé avec la monarchie constitutionnelle ; le second s'est af-
firmé avec le suffrage universel.

Et j'en arrive à la question du timbre et à mon premier axiome.

Les parlementaires, dans la logique de leurs principes, ont toujours voulu et voudraient encore le cens comme base de l'élection ;
à défaut du cens, le suffrage restreint par des conditions d'âge, de
domicile ou de capacité.

Par malheur, le suffrage universel existe, et l'histoire est là pour
démontrer qu'on ne remonte pas les courants.

Or, que faire pour que le suffrage universel ne soit pas une im-
mense ironie ? — Mettre à même tous ceux qui votent de voter
avec connaissance de cause.

Et comment en venir à bout ? D'abord, en apprenant à lire et
écrire à tous ; en second lieu, en permettant à tous aussi de se tenir au courant des questions politiques et sociales par la lecture d'un
journal quotidien.

Pour que ce journal soit accessible à la masse des électeurs sans
exception, il faut qu'il coûte le prix le moins élevé possible. Or,
l'expérience des petits journaux littéraires a démontré que les pro-
ducteurs peuvent donner pour un sou aux consommateurs un
journal qui n'a ni l'intérêt d'un cautionnement à servir, ni droit de
timbre à payer, ni droit de poste à acquitter, pouvant se trans-
porter par les messageries du chemin de fer comme du vin, du
cuir ou du drap.

IV

Voilà pour mon premier axiome.

Quant au second, je vais parler — moi journaliste — comme les députés n'osent pas le faire, ayant à ménager les journaux dans l'intérêt de leur élection.

Je prends la législation actuelle.

Un honnête homme, un philosophe, un penseur, s'est fait, par l'étude et la réflexion, une somme d'idées qu'il croit justes. On ne lit plus les livres, on lit à peine les brochures ; il désire créer un journal pour répandre ses idées, au fur et à mesure des événements qui aideront à leur expansion en leur donnant l'intérêt de l'actualité.

Pour créer ce journal, il lui faut d'abord un cautionnement de 30,000 francs. Il s'adresse à un banquier :

— Monsieur, voulez-vous me prêter l'argent dont j'ai besoin ?

Si l'écrivain a un talent acquis, reconnu, accepté par le public, si sa personnalité s'est assez affirmée pour imposer l'attention, si ses idées sont celles d'un groupe dans lequel on trouvera certainement des lecteurs, le banquier consent.

Mais la banque, quelles que soient ses opinions, voit toujours une affaire au bout d'un déboursé :

— Part à deux. Nous faisons un journal, vous y développerez vos idées, et j'y ferai mes orges.

Je n'entends pas parler ici des annonces, qui sont un agent de propagande commerciale ; on loue sa quatrième page comme un propriétaire louerait son mur pour y poser des affiches. Le public, quelque ignorant qu'il soit, sait que les industriels et les marchands payent tant la ligne pour dire : « A telle adresse, vous trouverez tel produit. » Cela est sans conséquence fâcheuse.

Mais le banquier, qui est un habile homme, ne s'en tient pas là. Il ne se contente pas d'annoncer, il recommande ; il ne se borne pas à répandre, il protége ; il peut accorder ou refuser son appui. Voulez-vous qu'il l'accorde, payez. Quand vous aurez payé, votre affaire, — quelque véreuse qu'elle soit, — deviendra bonne : emprunts, loteries, émissions d'actions, tout sera de l'or en barre ; le pauvre lecteur, qui aura fait, à force de privations, quelques économies, trouvera d'excellents articles pour lui en indiquer le placement ; on lui donnera de bonnes raisons au point de vue du Doit et de l'Avoir, en dénaturant les chiffres ; on flattera ses mauvais instincts ; on excitera sa cupidité ; on cherchera par tous les moyens possibles à lui prendre son argent : on est payé pour cela !...

Lors de l'emprunt mexicain, n'a-t-on pas vu le plus honnête des journalistes, forcé par les banquiers, propriétaires de son journal, de laisser vanter cette déplorable affaire, non à la page des annonces, mais en pleines colonnes, en pleine politique, en plein enseignement ?...

Certains effrontés de la finance sont allés plus loin : ils ont vendu des questions, soutenant pour un demi-million la Russie contre la Pologne, ou, pour des croix et des abonnements, l'unité monarchique italienne contre ses adversaires.

Le résultat de ces infamies, le salaire de ces hontes, est-il du moins considérable ? Moins qu'on ne le croit : car, sur trois sous que se vend un grand journal parisien, le fisc prend un sou pour le timbre et l'administration des postes quatre centimes. Abonnements, vente au numéro, annonces, réclames, vente de questions, tous les éléments de recette réunis font à peine face aux frais.

L'écrivain, qui signe l'article qu'il publie, est innocent de ces manœuvres ; cela est évident. Mais à quelle capitulation de conscience l'exposez-vous ! Et qui vous dit que les meilleurs et les plus honnêtes ne rougissent pas de cette promiscuité de la pensée et de la boutique, des idées qu'ils croient justes et des manœuvres financières qu'ils jugent indignes ?...

La liberté ne consiste pas seulement dans le privilége accordé à quelques millionnaires, — ou à quelques indigents subventionnés par des millionnaires, — d'exprimer leur opinion. Si cette liberté n'existe pas pour tous indistinctement, elle n'existe pas. On ne saurait couper par morceaux la devise du droit ; la liberté est inséparable de l'égalité, c'est-à-dire de la justice.

Vous reconnaissez à tout citoyen le droit d'intervenir par son vote dans le gouvernement de son pays, sans lui demander s'il est riche ou pauvre ; vous devez lui reconnaître de même le droit de parler sa pensée et celui de la répandre par l'imprimerie.

Le cautionnement, que tout le monde ne peut payer, — inégalité.

L'amende, en vue de laquelle le cautionnement est versé, — inégalité. Qu'importe aux riches de payer une amende ! Le pauvre, s'il ne la paye pas, est forcé d'aller en prison.

Les droits de timbre et de poste, — double iniquité : 1° Vous forcez le journal à se vendre trois sous, et vous empêchez de le lire les travailleurs pauvres auxquels sa lecture est indispensable pour apprendre leurs droits et leurs devoirs de citoyens ; 2° Vous obligez ce même journal à vendre une partie de sa publicité, ce qui est un outrage à la morale et ce qui enlève toute autorité à son enseignement.

V

Je sais les objections :

1° La masse des citoyens n'est pas apte à suivre avec profit les discussions politiques. Elle accepterait sans contrôle des opinions toutes faites, qui pourraient amener des actes contraires à la sûreté de l'État.

Réponse. — Admettez-vous le suffrage universel? En ce cas, vous ne sauriez déclarer incapables de lire et de juger les électeurs que vous reconnaissez capables de voter.

2° L'impôt du timbre est indispensable à l'équilibre du budget.

Réponse. — Ceci n'est pas sérieux. Sans entrer dans aucune théorie, un intérêt d'argent ne saurait jamais être déterminant dans une question de moralité. Mais, admettons la nécessité des 8 ou 10 millions produits par le timbre des journaux : vous n'avez qu'à remplacer cet impôt par un autre, celui, par exemple, qu'on vous a indiqué et qui frapperait de droits énormes les cartes à jouer, ou les cigares de cinq sous, ou tout autre produit de luxe.

3° Supposons donc le timbre aboli; tout le monde peut faire un journal. Les journaux existants souffriront de cette concurrence, et, dans la lutte qui s'engagera entre eux et les nouveaux journaux, la victoire sera certainement aux moins modérés et aux plus scandaleux.

Réponse. — Le croyez-vous ? Croyez-vous qu'après l'entraînement des premiers jours, l'équilibre ne se rétablira pas ? Moi, je suis sûr du contraire. Mais je vais plus loin, je suis convaincu que la presse ne peut pas faire plus de mal qu'elle en fait. Les extrêmes dont vous parlez se publient très-bien aujourd'hui sous la forme de journaux littéraires. Ils contreviennent à la loi et vous les supprimez ? Oui, mais ils reparaissent sous un autre titre et ils disent tout ce qu'ils veulent dire. Quant aux autres journaux, j'ai démontré que les conditions fiscales de leur existence leur imposent des marchés honteux.

4° Ces marchés honteux, s'ils ne les faisaient plus pour vivre, ils les feraient pour s'enrichir.

Réponse. — Quelques-uns, certainement ; mettons beaucoup ; mettons la plupart. Il n'en est pas moins vrai qu'un honnête homme, un bon citoyen, pourrait librement exprimer sa pensée, sans dépendre ni du gouvernement, ni d'un banquier, et la toute-puissance de la vérité est telle que je crois au succès de cet honnête homme. En tout cas, il y aurait un journal honnête. Il y en aurait dix, croyez-moi, et ces journaux neutraliseraient le mal en mettant le remède à côté de ce que MM. les sénateurs appellent encore le poison.

Je ne comprends pas qu'on puisse hésiter.

La liberté, — sur ce point tous les partis sont d'accord, et c'est auquel criera le plus fort pour avoir l'air de la demander avant les autres, — la liberté est faite de deux choses :

L'absence de mesures préventives et la responsabilité.

Or, tout ce qui est argent, — qu'on le baptise cautionnement, timbre ou droit de poste, — est mesure préventive et contredit la notion de la liberté.

VI.

M. Émile Ollivier écrivait, il y a un an :

« Il ne serait pas raisonnable de demander à un gouvernement qui vient de promulguer deux lois sur la presse et sur les réunions de les recommencer. *Il suffirait qu'il modifiât l'esprit étroit selon lequel il les applique, et que,* par un article de la loi des finances, il abolît l'impôt sur le timbre, le dernier obstacle légal à l'émancipation de la presse. »

Soit. Ne faites pas de nouvelle loi. Supprimez le timbre, vous aurez créé le journal à deux sous.

Mais vous n'aurez pas fondé le journal du suffrage universel, celui qui doit s'adresser à tous et se vendre le meilleur marché possible, c'est-à-dire un sou.

Pour créer celui-ci, il vous faut adopter pour les journaux politiques la loi qui régit les journaux littéraires, c'est-à-dire les affranchir, non-seulement du timbre, mais encore des droits de poste.

Quant au cautionnement destiné à payer les amendes, le jour où vous voudrez l'égalité devant la justice, vous supprimerez les amendes que le pauvre ne peut pas payer, et, ce jour-là, la suppression du cautionnement enlèvera la presse aux banquiers, ce qui n'arrivera jamais assez tôt.

VII.

Telle est l'économie de la question.

Ces idées seront-elles adoptées?

Je n'en sais rien.

Nous assistons à un retour des émigrés. A peine la nouvelle du Waterloo du pouvoir personnel a-t-elle pénétré dans leurs cornets acoustiques, que tous les invalides de la grande bourgeoisie ont quitté leur Coblentz. Les uns partaient de l'Institut, les autres des salons du faubourg Saint-Germain, d'autres de leurs gentilhommières ; d'autres venaient de Rome. Tous faisaient courir leurs jambes tremblotantes, redressaient leur échine, retrouvaient dans leur vanité le souffle qui manquait à leurs poumons. Ces acteurs usés de la vieille politique relevaient la tête comme des chevaux de régiment réformés lorsqu'ils entendent la trompette ; la pensée qu'ils pourraient jouer une dernière fois la comédie leur donnait du ressort. Et ils se jetaient sur la scène, dans les coulisses, dans les loges d'acteurs, dans le trou du souffleur, partout, pourvu qu'ils fussent sur le théâtre et que la claque de leurs créatures remplît la salle.

— Des rôles pour nous, des places pour nos amis !.....

Ils demandaient cela à la cheminée des ministères, le dos renversé, leurs vieux cordons défraîchis en travers du gilet, leurs plaques frottées à neuf au revers de l'habit, rouges d'ambition satisfaite, d'influence retrouvée, d'intrigues rouvertes, l'amour du pouvoir leur passant par tous les pores !...

Ce pouvoir, on le leur a donné.

Ils l'ont. Ils remplissent les administrations, ils président les commissions, ils disposent des fonctions. Leur temps est revenu enfin...

Orléanistes, — a-t-on dit.— Mais on a répondu avec raison : — non, *Parlementaires.*

Peu leur importe l'homme en effet ; ce qu'ils veulent, c'est le régime, c'est le système, c'est le règne.

Or, la base du régime, le mot du système, l'assise du règne, c'est l'argent.

— Nous sommes d'honnêtes gens ! crient les émigrés à tous les passants qu'ils rencontrent.

Soit ! Vous êtes d'honnêtes gens : on peut épouser vos filles. Mais d'honnêtes politiques, non pas ; car, dans la révolution, vous ne prenez que la liberté.

Parbleu ! Être libre, c'est pouvoir. Vous pouvez être ministres, vous n'en demandez pas plus.

Mais il y a trois millions d'électeurs, — demain il y en aura quatre, — qui veulent autre chose :

Ils veulent l'égalité, c'est-à-dire la justice, la fraternité, c'est-à-dire la solidarité de tous.

La politique n'est pas un métier et le gouvernement des hommes ne saurait s'acquérir comme une charge.

Tous les citoyens en possèdent une part. Une loi que vous n'avez pas faite la leur reconnaît : c'est la loi du suffrage universel.

Or, les deux nécessités du suffrage universel sont l'instruction gratuite et le journal à un sou.

VIII.

La question du journal à un sou est élémentaire.

Ce journal existe·à l'état de journal littéraire.

Il ne verse pas de cautionnement, ne paye pas de timbre, et se transporte par les messageries du chemin de fer, au poids, comme le premier produit venu.

Créez l'égalité en matière de presse ; accordez les mêmes facultés à tous les journaux.

Qu'il n'y ait plus ni journaux politiques, ni journaux littéraires, mais un seul journal, disant tout ce qu'il voudra dire, affranchi de toute fiscalité !...

Vous y perdrez 8 à 10 millions d'impôt d'une part, 8 à 10 millions de recette de l'autre.

Eh bien ! vous créerez un autre impôt de 20 millions ; jamais il ne sera aussi absurde, inique, aussi anti égalitaire que celui-là !...

Seulement, — pénétrez-vous bien de cette vérité, — que le droit de la poste est aussi fatal à l'expansion de la pensée que le droit de timbre.

La fable du *Renard qui a la queue coupée* est éternelle.

M. Emile de Girardin, qui voudrait couper les queues de tous ses confrères de la presse littéraire pour s'en faire un plumet, disait hier :

« Voulez-vous remplacer dans le budget le déficit causé par la suppression du timbre, imposez le transport par la poste aux journaux littéraires comme vous l'imposez aux journaux politiques. »

C'est une joyeuse plaisanterie. Si les petits journaux littéraires étaient obligés de payer — ne fût-ce qu'un centime — à la poste pour être transportés, ils n'existeraient plus, car ils seraient obligés en même temps de se vendre deux sous, et ils ne se vendent que parce qu'ils n'en coûtent qu'un.

Je ne parle pas de l'équité. La poste est un service public : ce qu'on lui paye, c'est l'assurance que ce qu'on lui confie sera remis au destinataire. Or, il est bien évident que *mille* numéros d'un journal envoyés à un *seul* destinataire ne sauraient payer *mille ports* comme *mille numéros,* devant être distribués à mille adresses différentes.

Non, non. Droit égal !

Et je me répète encore une fois :

— Abolir le timbre, c'est créer la presse à deux sous, presse aristocratique, bancocratique, bourgeoise, privilégiée, compagne du cens et du suffrage restreint, incompatible avec le suffrage universel.

Le seul progrès réel, la mesure indispensable, c'est l'abolition complète de tout ce qui est fiscalité en matière d'imprimerie : — le cautionnement, le timbre et la poste.

Les journaux littéraires à un sou ont fait leur temps et rempli leur mission. Plus tard on leur rendra justice. Il ont appris le dictionnaire au peuple. Aux journaux politiques à un sou de lui apprendre maintenant la grammaire.

Tony Révillon.

Paris — Imprimerie Paul Dupont, rue Jean-Jacques-Rousseau, 41, hôtel des Fermes.